This Nature Journal Belongs To:

Date: _____

Today I Discovered_____

_____

_____

_____

_____

Weather: | ☀ ☁ ⛅ ⛈ 🌧 🌨 | Temp: [   ]

Location:

_____

Description/Doodle/Samples:

Date: _____

More Discoveries: _____

Date: _____

Today I Discovered_____

_____

_____

_____

_____

Weather: ☀ ☁ ⛅ ⛈ 🌧 🌨 Temp: [   ]

Location:
_____

Description/Doodle/Samples:

Date: _____

More Discoveries: _____

Date: _____

Today I Discovered_____

_____

_____

_____

_____

Weather: | ☀ ☁ ⛅ ⛈ 🌧 🌨 | Temp: [   ]

Location:
_____

Description/Doodle/Samples:

Date: _____

More Discoveries: _____

Date: _____

Today I Discovered _____

_____

_____

_____

_____

Weather: [☀ ☁ ⛅ ⛈ 🌧 🌨] Temp: [____]

Location: _____

Description/Doodle/Samples:

Date: _____

More Discoveries: _____

Date: _____

Today I Discovered_____

_____

_____

_____

_____

Weather: ☀☁ ⛅ ⛈ 🌧 🌨 Temp: [　　]

Location:

_____

Description/Doodle/Samples:

Date: _____

More Discoveries: _____

Date: _____

Today I Discovered_____

_____

_____

_____

_____

Weather: ☀ ☁ ⛅ ⛈ 🌧 🌨 Temp: ▢

Location:

_____

Description/Doodle/Samples:

Date: _____

More Discoveries: _____

Date: _____

Today I Discovered_____

_____

_____

_____

_____

Weather: [☀ ☁ ⛅ ⛈ 🌧 🌨] Temp: [ ]

Location:

_____

Description/Doodle/Samples:

Date: _____

More Discoveries: _____

Date: _____

Today I Discovered_____

_____

_____

_____

_____

Weather: ☀ ☁ ⛅ ⛈ 🌧 🌨 Temp: [　　]

Location: _____

Description/Doodle/Samples:

Date: _____

More Discoveries: _____

Date: _____

Today I Discovered_____
_____
_____
_____
_____

Weather: [☀ ☁ ⛅ ⛈ 🌧 🌨] Temp: [   ]

Location:
_____

Description/Doodle/Samples:

Date: _____

More Discoveries: _____

Date: _____

Today I Discovered_____
_____
_____
_____
_____

Weather: ☀ ☁ ⛅ ⛈ 🌧 🌨 Temp: [ ]

Location: _____

Description/Doodle/Samples:

Date: _____

More Discoveries: _____

Date: _____

Today I Discovered_____
_____
_____
_____
_____

Weather: | ☀ ☁ ⛅ ⛈ 🌧 🌨 | Temp: [　　]

Location:
_____

Description/Doodle/Samples:

Date: _____

More Discoveries: _____

Date: _____

Today I Discovered_____

_____

_____

_____

_____

Weather: | ☀ ☁ ⛅ ⛈ 🌧 🌨 | Temp: [   ]

Location:

_____

Description/Doodle/Samples:

Date: _____

More Discoveries: _____

Date: _____

Today I Discovered_____
_____
_____
_____
_____

Weather: | ☀ ☁ ⛅ ⛈ 🌧 🌨 | Temp: [   ]

Location:
_____

Description/Doodle/Samples:

Date: _____

More Discoveries: _____

Date: _____

Today I Discovered_____

_____

_____

_____

_____

Weather: | ☀ ☁ ⛅ ⛈ 🌧 🌨 | Temp: [   ]

Location:

_____

Description/Doodle/Samples:

Date: _____

More Discoveries: _____

Date: _____

Today I Discovered_____
_____
_____
_____
_____

Weather: [☀ ☁ ⛅ ⛈ 🌧 🌨] Temp: [   ]

Location: _____

Description/Doodle/Samples:

Date: _____

More Discoveries: _____

Date: _____

Today I Discovered_____

_____

_____

_____

_____

Weather: ☀ ☁ ⛅ ⛈ 🌧 🌨 Temp: [　]

Location:
_____

Description/Doodle/Samples:

Date: _____

More Discoveries: _____

Date: _____

Today I Discovered_____

_____

_____

_____

_____

Weather: [☀ ☁ ⛅ ⛈ 🌧 🌨] Temp: [   ]

Location:

_____

Description/Doodle/Samples:

Date: _____

More Discoveries: _____

Date: _____

Today I Discovered_____

_____

_____

_____

_____

Weather: [☀ ☁ ⛅ ⛈ 🌧 🌨] Temp: [   ]

Location: _____

Description/Doodle/Samples:

Date: _____

More Discoveries: _____

Date: _____

Today I Discovered_____

_____

_____

_____

_____

Weather: ☀ ☁ ⛅ ⛈ 🌧 🌨 Temp: [ ]

Location: _____

Description/Doodle/Samples:

Date: _____

More Discoveries: _____

Date: _____

Today I Discovered_____

_____

_____

_____

_____

Weather: ☀ ☁ ⛅ ⛈ 🌧 🌨   Temp: [ ]

Location:
_____

Description/Doodle/Samples:

Date: _____

More Discoveries: _____

Date: _____

Today I Discovered_____

_____

_____

_____

_____

Weather: [☀ ☁ ⛅ ⛈ 🌧 🌨] Temp: [   ]

Location:

_____

Description/Doodle/Samples:

Date: _____

More Discoveries: _____

Date: _____

Today I Discovered_____

_____

_____

_____

_____

Weather: [☀ ☁ ⛅ ⛈ 🌧 🌨] Temp: [   ]

Location:

_____

Description/Doodle/Samples:

Date: _____

More Discoveries: _____

Date: _____

Today I Discovered_____

_____

_____

_____

_____

Weather: ☀ ☁ ⛅ ⛈ 🌧 🌨 Temp: ▢

Location:
_____

Description/Doodle/Samples:

Date: _____

More Discoveries: _____

Date: _____

Today I Discovered_____

_____

_____

_____

_____

Weather: ☀ ☁ ⛅ ⛈ 🌧 🌨 Temp: ☐

Location:
_____

Description/Doodle/Samples:

Date: _____

More Discoveries: _____

Date: _____

Today I Discovered_____

_____

_____

_____

_____

Weather: [☀ ☁ ⛅ ⛈ 🌧 🌨] Temp: [   ]

Location:
_____

Description/Doodle/Samples:

Date: _____

More Discoveries: _____

Date: _____

Today I Discovered_____
_____
_____
_____
_____

Weather: | ☀ ☁ ⛅ ⛈ 🌧 🌨 | Temp: [　　]

Location:
_____

Description/Doodle/Samples:

Date: _____

More Discoveries: _____

Date: _____

Today I Discovered_____

_____

_____

_____

_____

Weather: [☀ ☁ ⛅ ⛈ 🌧 🌨] Temp: [   ]

Location:
_____

Description/Doodle/Samples:

Date: _____

More Discoveries: _____

Date: _____

Today I Discovered_____
_____
_____
_____
_____

Weather: [☀ ☁ ⛅ ⛈ 🌧 🌨] Temp: [   ]

Location:
_____

Description/Doodle/Samples:

Date: _____

More Discoveries: _____

Date: _____

Today I Discovered_____

_____

_____

_____

_____

Weather: [☀ ☁ ⛅ ⛈ 🌧 🌨] Temp: [____]

Location:
_____

Description/Doodle/Samples:

Date: _____

More Discoveries: _____

Date: _____

Today I Discovered_____

_____

_____

_____

_____

Weather: ☀ ☁ ⛅ ⛈ 🌧 🌨 Temp: [   ]

Location: _____

Description/Doodle/Samples:

Date: _____

More Discoveries: _____

Date: _____

Today I Discovered_____
_____
_____
_____
_____

Weather: | ☀ ☁ ⛅ ⛈ 🌧 🌨 | Temp: [   ]

Location:
_____

Description/Doodle/Samples:

Date: _____

More Discoveries: _____

Date: _____

Today I Discovered_____

_____

_____

_____

_____

Weather: | ☀ ☁ ⛅ ⛈ 🌧 🌨 | Temp: [　　]

Location:

_____

Description/Doodle/Samples:

Date: _____

More Discoveries: _____

Date: _____

Today I Discovered_____
_____
_____
_____
_____

Weather: | ☀ ☁ ⛅ ⛈ 🌧 🌨 | Temp: [   ]

Location:
_____

Description/Doodle/Samples:

Date: _____

More Discoveries: _____

Date: _____

Today I Discovered_____

_____

_____

_____

_____

Weather: | ☀ ☁ ⛅ ⛈ 🌧 🌨 | Temp: [   ]

Location:
_____

Description/Doodle/Samples:

Date: _____

More Discoveries: _____

Date: _____

Today I Discovered_____
_____
_____
_____
_____

Weather: [☀ ☁ ⛅ ⛈ 🌧 🌨] Temp: [   ]

Location:
_____

Description/Doodle/Samples:

Date: _____

More Discoveries: _____

Date: _____

Today I Discovered_____

_____

_____

_____

_____

Weather: | ☀ ☁ ⛅ ⛈ 🌧 🌨 | Temp: [ ]

Location: _____

Description/Doodle/Samples:

Date: _____

More Discoveries: _____

Date: _____

Today I Discovered_____

_____

_____

_____

_____

Weather: | ☀ ☁ ⛅ ⛈ 🌧 🌨 | Temp: [ ]

Location:

_____

Description/Doodle/Samples:

Date: _____

More Discoveries: _____

Date: _____

Today I Discovered_____

_____

_____

_____

_____

Weather: | ☀ ☁ ⛅ ⛈ 🌧 🌨 | Temp: | |

Location: _____

Description/Doodle/Samples:

Date: _____

More Discoveries: _____

Date: _____

Today I Discovered_____

_____

_____

_____

_____

Weather: [☀ ☁ ⛅ ⛈ 🌧 🌨] Temp: [   ]

Location:
_____

Description/Doodle/Samples:

Date: _____

More Discoveries: _____

Date: _____

Today I Discovered_____

_____

_____

_____

_____

Weather: | ☀ ☁ ⛅ ⛈ 🌧 🌨 | Temp: [   ]

Location:
_____

Description/Doodle/Samples:

Date: _____

More Discoveries: _____

Date: _____

Today I Discovered_____

_____

_____

_____

_____

Weather: ☀ ☁ ⛅ ⛈ 🌧 🌨   Temp: [   ]

Location:
_____

Description/Doodle/Samples:

Date: _____

More Discoveries: _____

Date: _____

Today I Discovered_____
_____
_____
_____
_____

Weather: ☀ ☁ ⛅ ⛈ 🌧 🌨 | Temp: [   ]

Location:
_____

Description/Doodle/Samples:

Date: _____

More Discoveries: _____

Date: _____

Today I Discovered_____

_____

_____

_____

_____

Weather: | ☀ ☁ ⛅ ⛈ 🌧 🌨 | Temp: [   ]

Location:
_____

Description/Doodle/Samples:

Date: _____

More Discoveries: _____

Date: _____

Today I Discovered_____

_____

_____

_____

_____

Weather: [☀ ☁ ⛅ ⛈ 🌧 🌨] Temp: [   ]

Location:

_____

Description/Doodle/Samples:

Date: _____

More Discoveries: _____

Date: _____

Today I Discovered_____

_____

_____

_____

_____

Weather: | ☀ ☁ ⛅ ⛈ 🌧 🌨 | Temp: [   ]

Location:
_____

Description/Doodle/Samples:

Date: _____

More Discoveries: _____

Date: _____

Today I Discovered_____

_____

_____

_____

_____

Weather: ☀ ☁ ⛅ ⛈ 🌧 🌨 Temp: [   ]

Location: _____

Description/Doodle/Samples:

Date: _____

More Discoveries: _____

Date: _____

Today I Discovered_____

_____

_____

_____

_____

Weather: | ☀ ☁ ⛅ ⛈ 🌧 🌨 | Temp: | |

Location:
_____

Description/Doodle/Samples:

Date: _____

More Discoveries: _____

Date: _____

Today I Discovered_____

_____

_____

_____

_____

Weather: [☀ ☁ ⛅ ⛈ 🌧 🌨] Temp: [   ]

Location:

_____

Description/Doodle/Samples:

Date: _____

More Discoveries: _____

Date: _____

Today I Discovered _____
_____
_____
_____
_____

Weather: | ☀ ☁ 🌤 ⛈ 🌧 🌨 | Temp: [　　]

Location:
_____

Description/Doodle/Samples:

Date: _____

More Discoveries: _____

Date: _____

Today I Discovered_____

_____

_____

_____

_____

Weather: ☀ ☁ ⛅ ⛈ 🌧 🌨 Temp: [ ]

Location: _____

Description/Doodle/Samples:

Date: _____

More Discoveries: _____

Date: _____

Today I Discovered_____

_____

_____

_____

_____

Weather: ☀️ ☁️ ⛅ ⛈️ 🌧️ 🌨️ Temp: [   ]

Location:
_____

Description/Doodle/Samples:

Date: _____

More Discoveries: _____

Date: _____

Today I Discovered_____

_____

_____

_____

_____

Weather: ☀ ☁ ⛅ ⛈ 🌧 🌨 Temp: [ ]

Location:

_____

Description/Doodle/Samples:

Date: _____

More Discoveries: _____

Date: _____

Today I Discovered_____

_____

_____

_____

_____

Weather: ☀ ☁ ⛅ ⛈ 🌧 🌨 Temp: [　　]

Location:
_____

Description/Doodle/Samples:

Date: _____

More Discoveries: _____

Date: _____

Today I Discovered_____

_____

_____

_____

_____

Weather: ☀ ☁ ⛅ ⛈ 🌧 🌨   Temp: [   ]

Location:
_____

Description/Doodle/Samples:

Date: _____

More Discoveries: _____

Date: _____

Today I Discovered_____

_____

_____

_____

_____

Weather: | ☀ ☁ ⛅ ⛈ 🌧 🌨 | Temp: [ ]

Location:
_____

Description/Doodle/Samples:

Date: _____

More Discoveries: _____

Date: _____

Today I Discovered_____

_____

_____

_____

_____

Weather: | ☀ ☁ ⛅ ⛈ 🌧 🌨 | Temp: [   ]

Location:

_____

Description/Doodle/Samples:

Date: _____

More Discoveries: _____

Date: _____

Today I Discovered_____

_____

_____

_____

_____

Weather: | ☀ ☁ ⛅ ⛈ 🌧 🌨 | Temp: [ ]

Location:
_____

Description/Doodle/Samples:

Date: _____

More Discoveries: _____

Date: _____

Today I Discovered_____

_____

_____

_____

_____

Weather: | ☀ ☁ ⛅ ⛈ 🌧 🌨 | Temp: [   ]

Location: _____

Description/Doodle/Samples:

Date: _____

More Discoveries: _____

Date: _____

Today I Discovered_____

_____

_____

_____

_____

Weather: ☀ ☁ ⛅ ⛈ 🌧 🌨 Temp: [   ]

Location:
_____

Description/Doodle/Samples:

Made in the USA
Coppell, TX
07 December 2020